M000304956

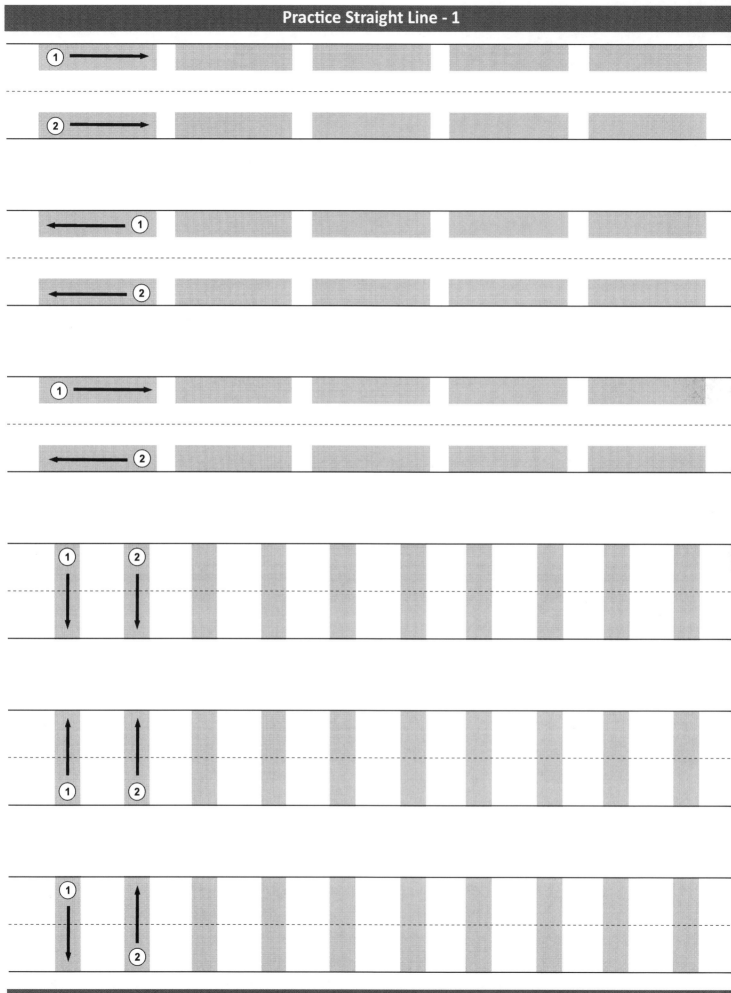

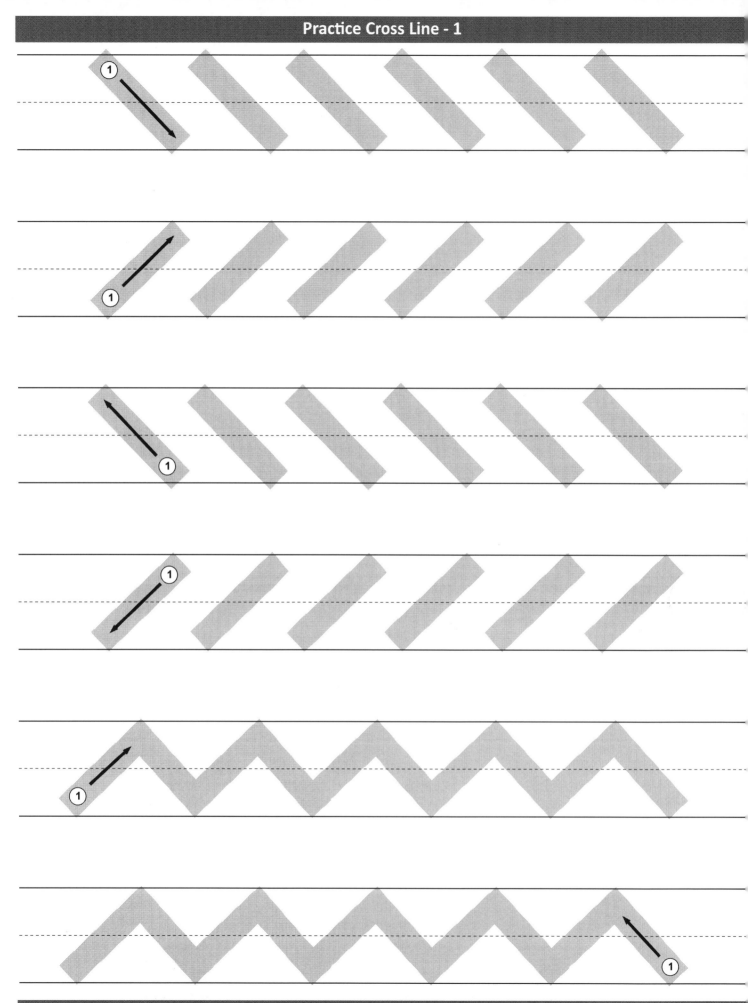

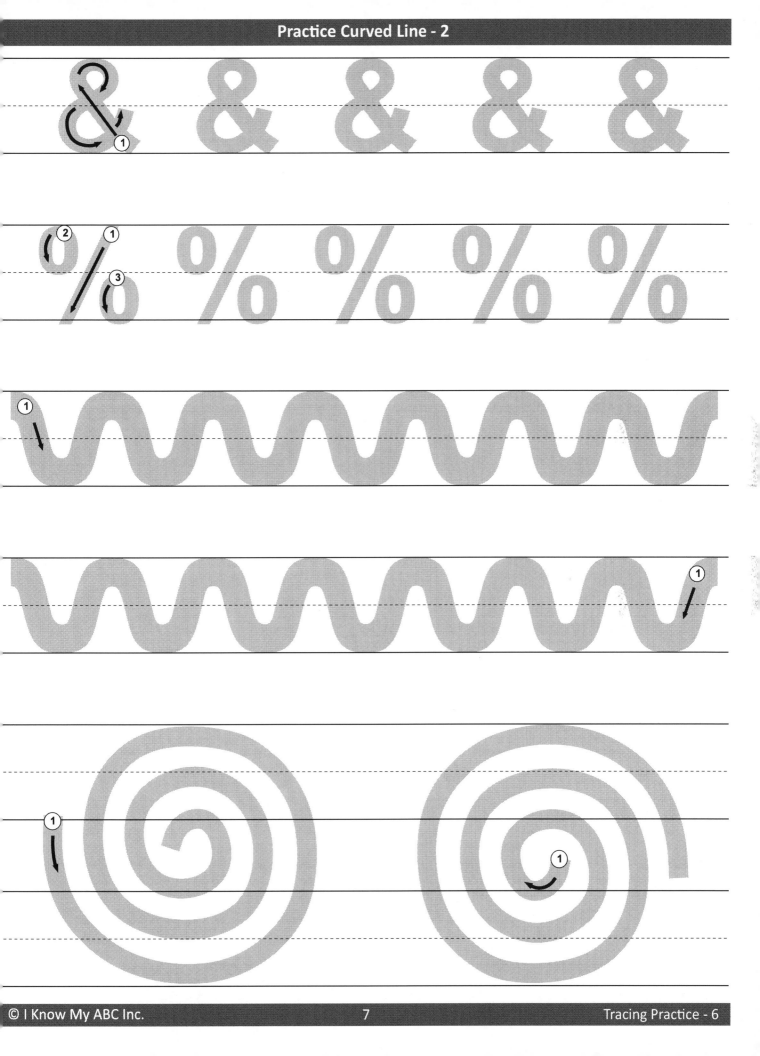

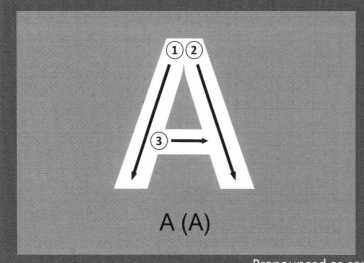

A (A)

Арбуз/Arbuz/Watermelon

Pronounced as sound of "a" in "Car"

A (a)

Pronounced as sound of "a" in "Ask"

a a a

a a

a

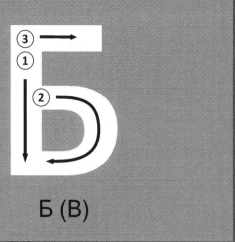

Б (Б)

Банан/Banan/Banana

Б Б Б Б

Б Б

Б

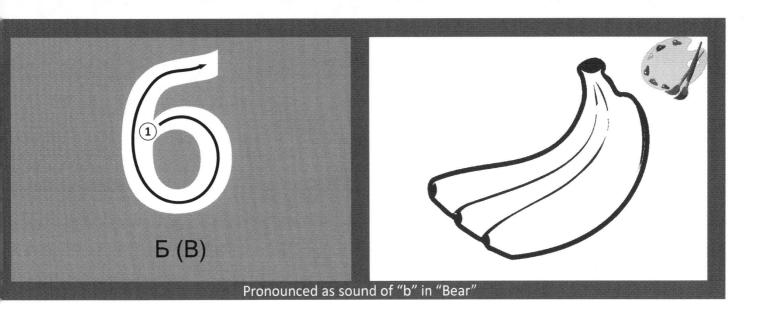

Б (В)

Pronounced as sound of "b" in "Bear"

б б б

б б

б

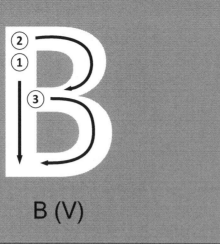

B (V)

Pronounced as sound of "v" in "Visit"

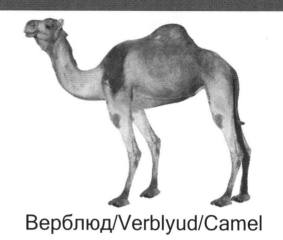

Верблюд/Verblyud/Camel

B B B

B B

B

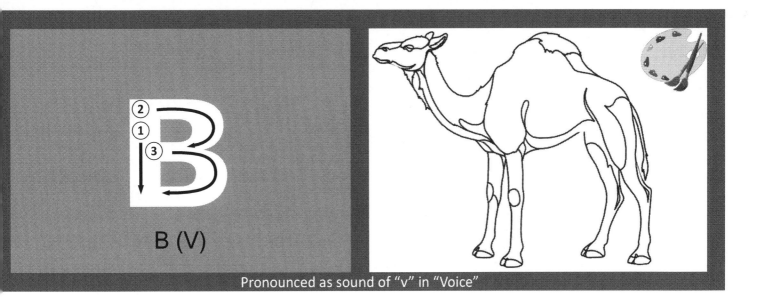

B (V)

Pronounced as sound of "v" in "Voice"

B   B   B

B   B

B

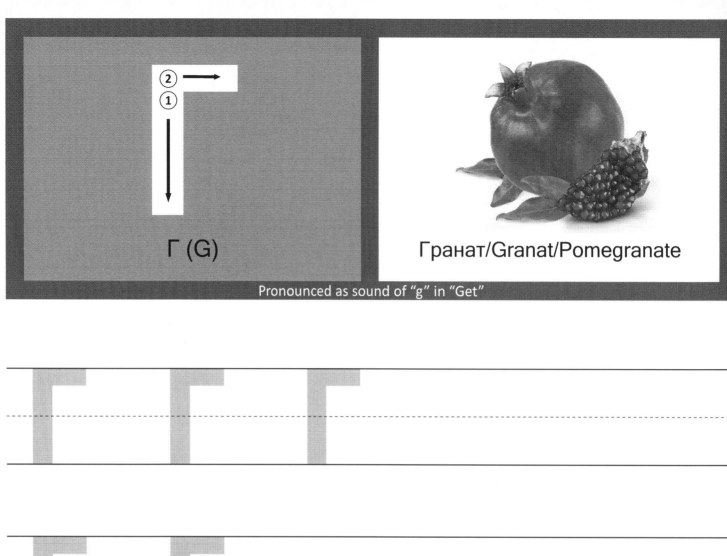

Г (G)

Гранат/Granat/Pomegranate

Pronounced as sound of "g" in "Get"

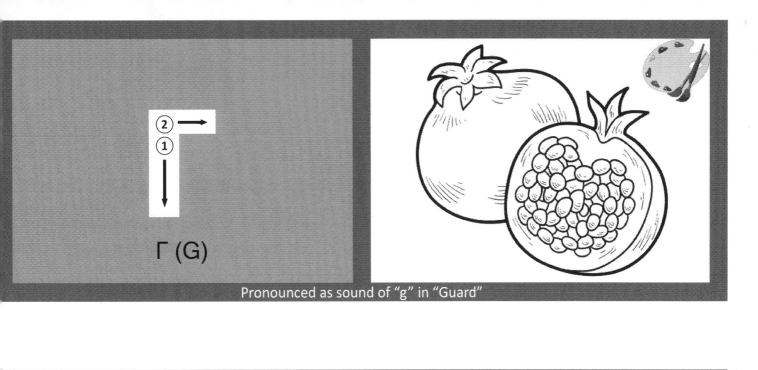

Γ (G)

Pronounced as sound of "g" in "Guard"

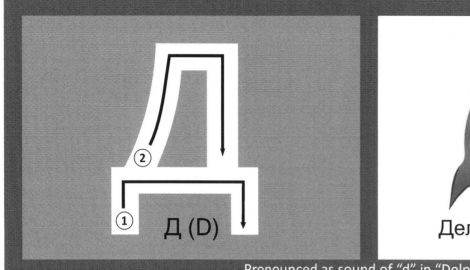

Д (D)

Дельфин/Delfin/Dolphin

Pronounced as sound of "d" in "Dolphin"

Д Д Д

Д Д

Д

Д (D)

Pronounced as sound of "d" in "Dog"

Д Д Д Д

Д Д

Д

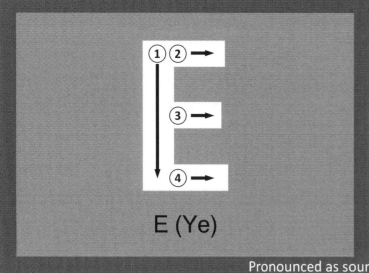

E (Ye)

Енот/Yenot/Raccoon

Pronounced as sound of "ye" in "Yet"

E (Ye)

Pronounced as sound of "ye" in "Yes"

e   e   e

e   e

e

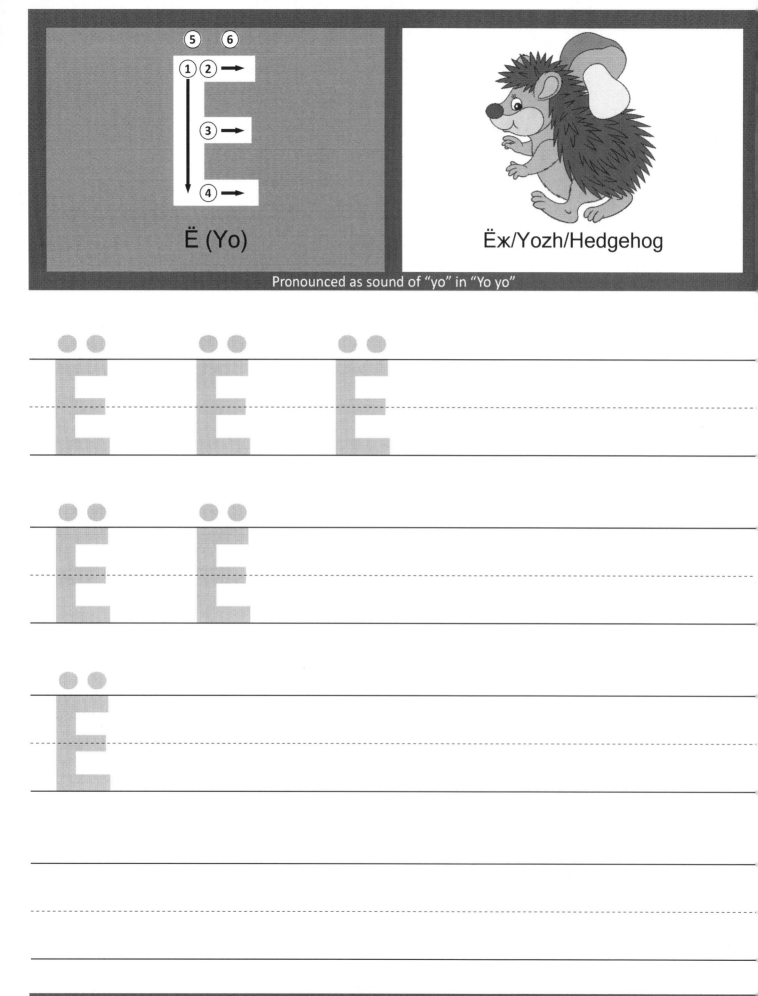

Ё (Yo)

Ёж/Yozh/Hedgehog

Pronounced as sound of "yo" in "Yo yo"

Ё (Yo)

Pronounced as sound of "yo" in "Yonder"

ё ё ё

ё ё

ё

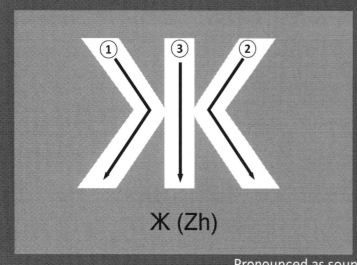

Ж (Zh)

Pronounced as sound of "s" in "Measure"

Жираф/Zheeraf/Giraffe

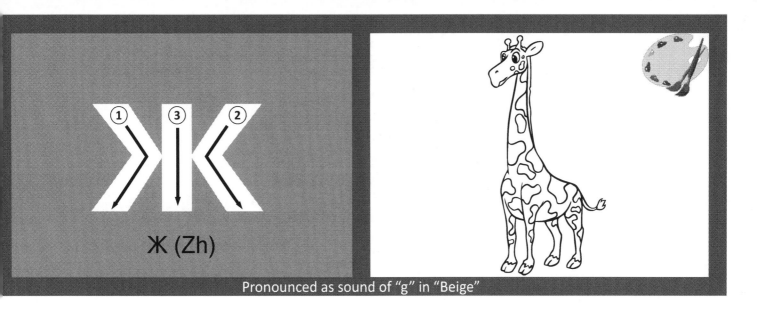

Ж (Zh)

Pronounced as sound of "g" in "Beige"

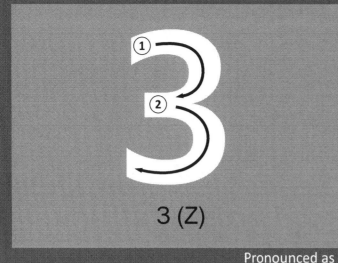

3 (Z)

Змея/Zmeya/Snake

Pronounced as sound of "z" in "Zero"

3

3 (Z)

Pronounced as sound of "z" in "Zoo"

3 3 3

3 3

3

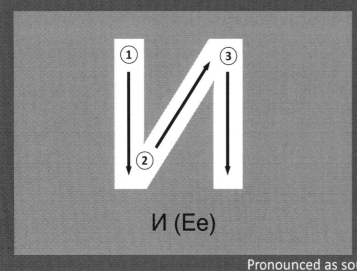

И (Ee)

Индюк/Eendyuk/Turkey

Pronounced as sound of "ee" in "Eel"

И (Ee)

Pronounced as sound of "ee" in "See"

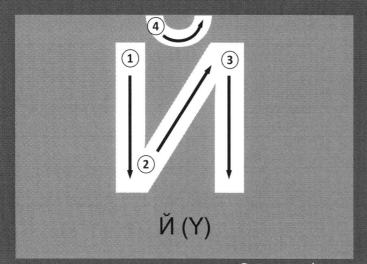

Й (Y)

Йогурт/Yogurt/Yogurt

Pronounced as sound of "y" in "Yogurt"

Й (Y)

Pronounced as sound of "y" in "Toy"

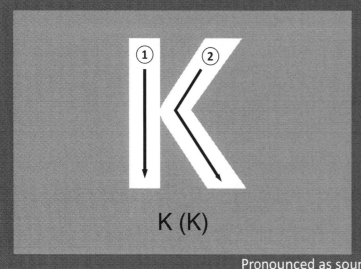

K (K)

Кот/Kot/Cat

Pronounced as sound of "k" in "Kitten"

K (K)

Pronounced as sound of "c" in "Cat"

K K K K

K K

K

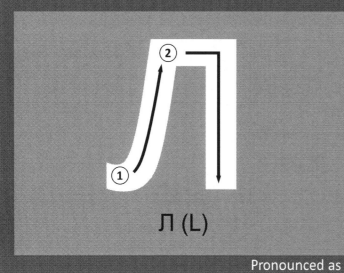

Л (L)

Лиса/Leesa/Fox

Л (L)

Pronounced as sound of "l" in "Lost"

Л Л Л

Л Л

Л

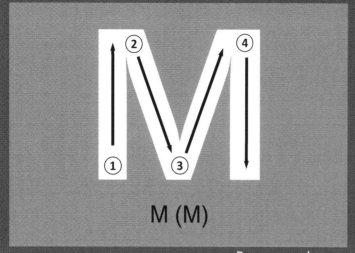

M (M)

Медведь/Medved'/Bear

Pronounced as sound of "m" in "More"

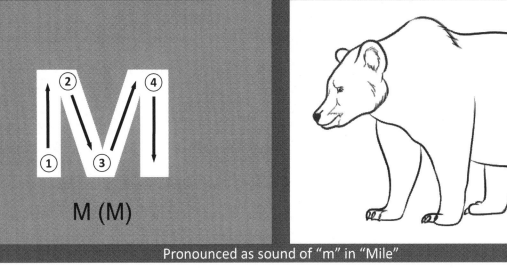

M (M)

Pronounced as sound of "m" in "Mile"

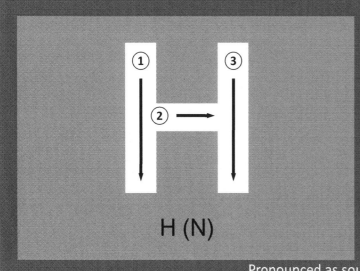

H (N)

Hocopor/Nosorog/Rhinoceros

Pronounced as sound of "n" in "Next"

H (N)

Pronounced as sound of "n" in "Nord"

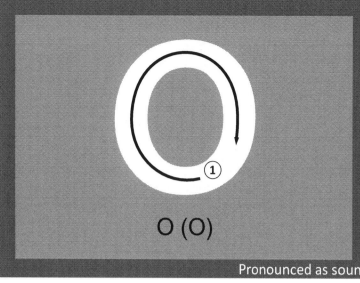

O (O)

Олень/Olen'/Deer

Pronounced as sound of "o" in "Orange"

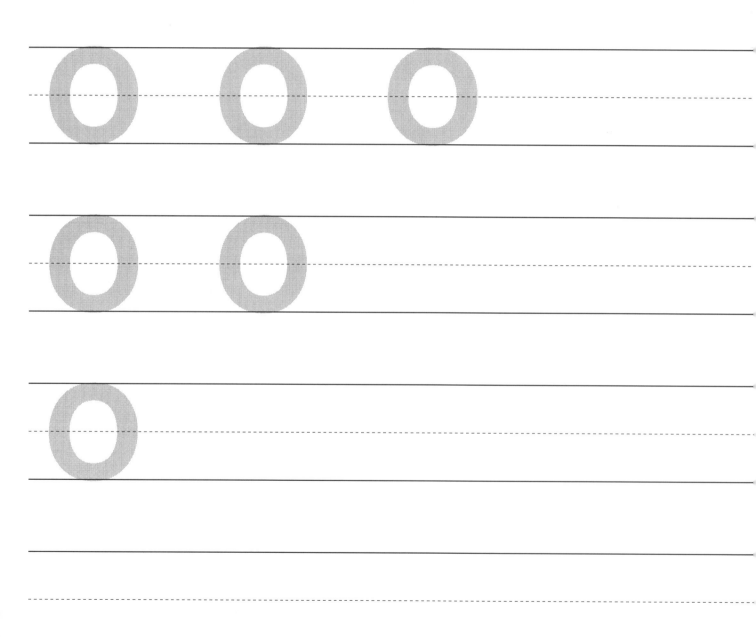

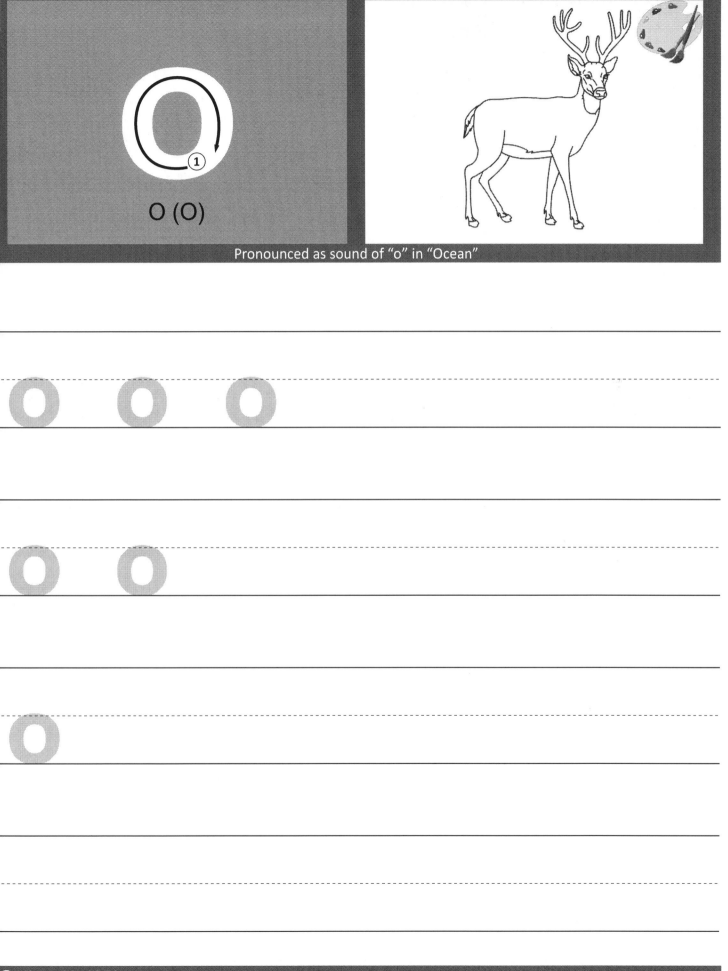

O (O)

Pronounced as sound of "o" in "Ocean"

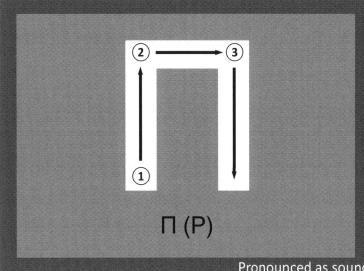

П (Р)

Пингвин/Peengveen/Penguin

Pronounced as sound of "p" in "Penguin"

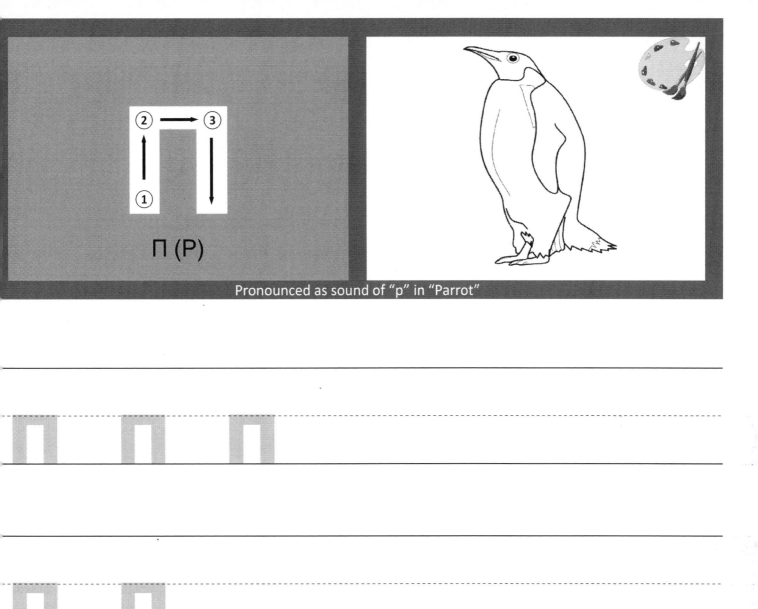

П (Р)

Pronounced as sound of "p" in "Parrot"

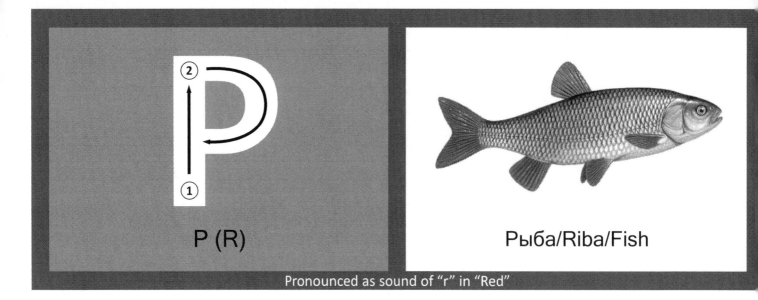

P (R)

Рыба/Riba/Fish

Pronounced as sound of "r" in "Red"

P P P

P P

P

Pronounced as sound of "r" in "River"

p p p

p p

p

C (S)

Собака/Sobaka/Dog

Pronounced as sound of "s" in "Storm"

C (S)

Pronounced as sound of "s" in "Saint"

C C C

C C

C

T (T)

Тигр/Teegr/Tiger

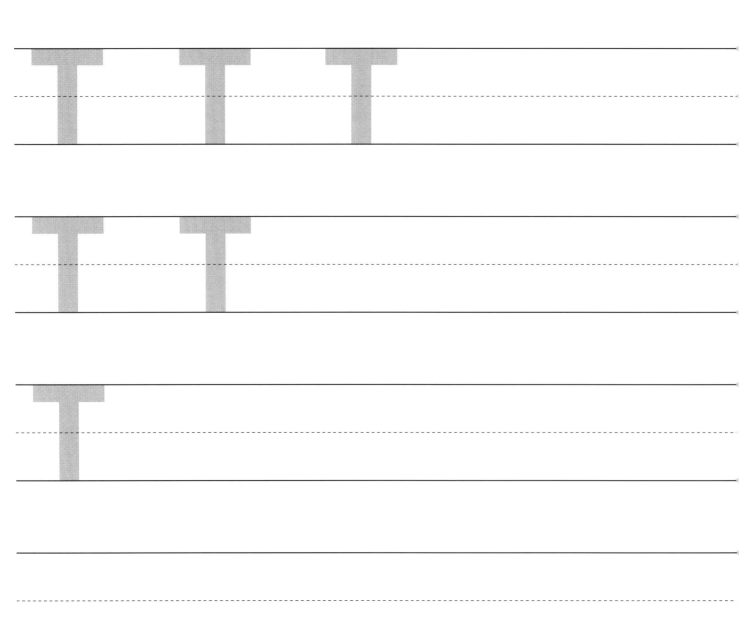

T (T)

Pronounced as sound of "t" in "Terra"

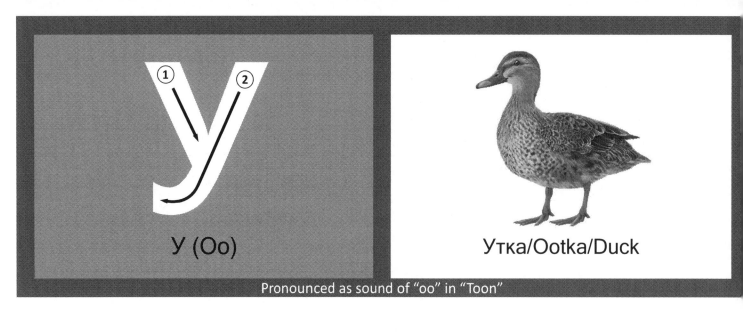

У (Оо)

Утка/Ootka/Duck

Pronounced as sound of "oo" in "Toon"

y (Oo)

Pronounced as sound of "oo" in "Soon"

y y y

y y

y

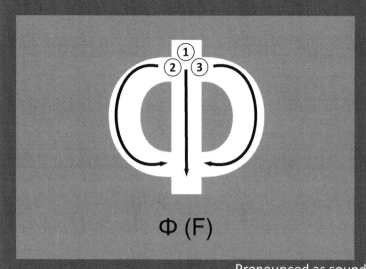

Ф (F)

Фламинго/Flamingo/Flamingo

Pronounced as sound of "f" in "Flamingo"

Ф (F)

Pronounced as sound of "f" in "Fox"

Ф   Ф   Ф

Ф   Ф

Ф

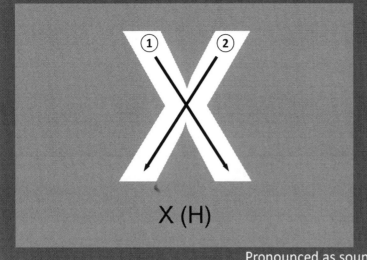

X (H)

Хлеб/Hleb/Bread

Pronounced as sound of "h" in "Hello"

X (H)

Pronounced as sound of "h" in "Happy"

X X X

X X

X

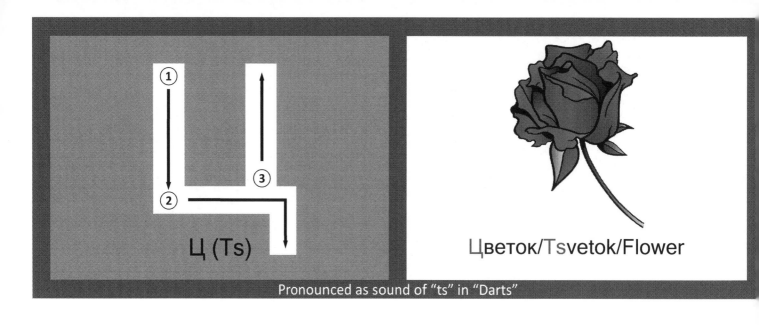

Ц (Ts)

Цветок/Tsvetok/Flower

Pronounced as sound of "ts" in "Darts"

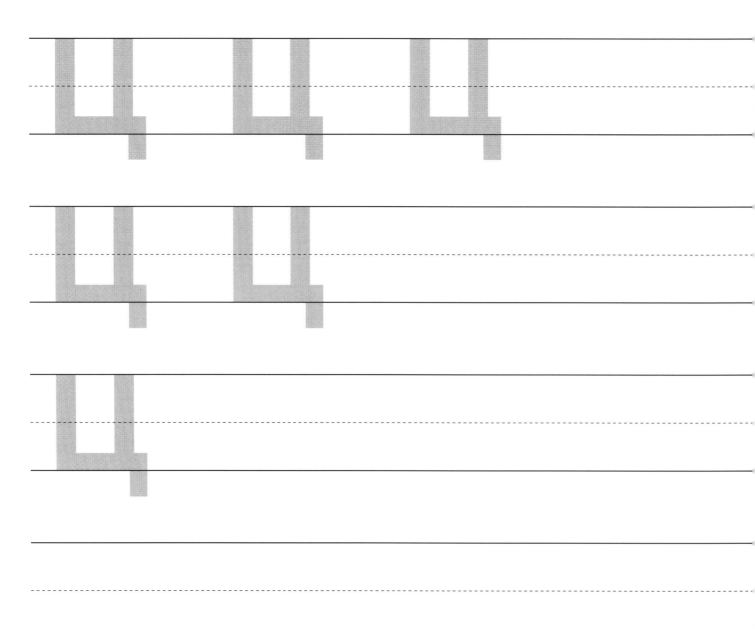

Pronounced as sound of "ts" in "Tsunami"

Ц (Ts)

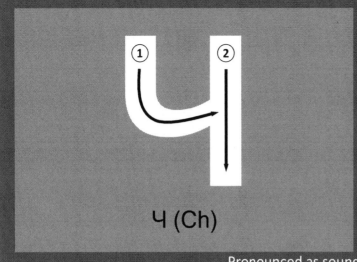

Ч (Ch)

Часы/Chasi/Clock

Pronounced as sound of "ch" in "Sandwich"

Ч (Ch)

Pronounced as sound of "ch" in "Change"

Ч Ч Ч

Ч Ч

Ч

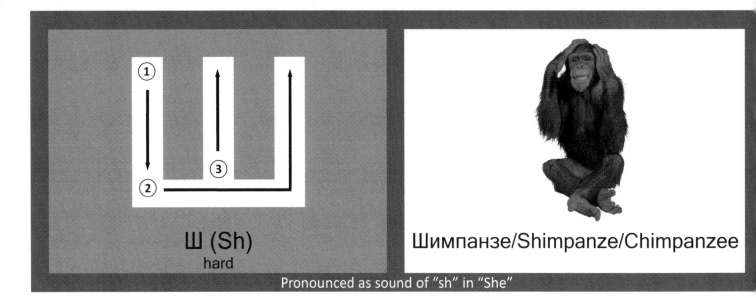

Ш (Sh)
hard

Шимпанзе/Shimpanze/Chimpanzee

Pronounced as sound of "sh" in "She"

Ш (Sh)
hard

Pronounced as sound of "sh" in "Dish"

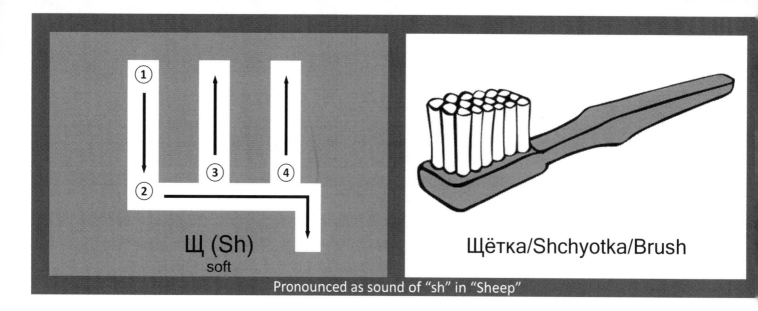

Щ (Sh)
soft

Щётка/Shchyotka/Brush

Pronounced as sound of "sh" in "Sheep"

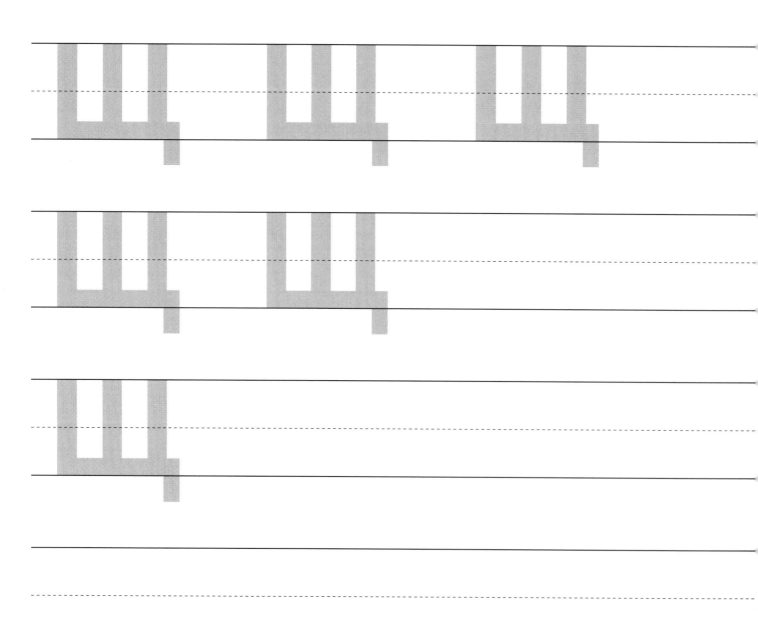

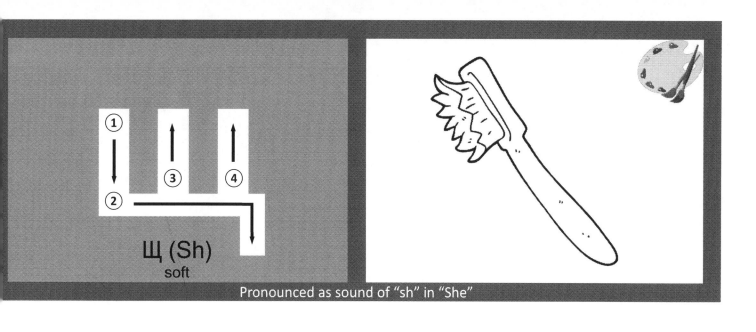

Щ (Sh)
soft

Pronounced as sound of "sh" in "She"

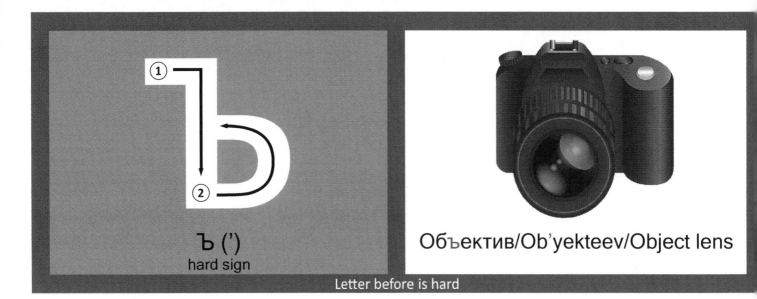

Ъ (')
hard sign

Объектив/Ob'yekteev/Object lens

Letter before is hard

Ъ ъ ъ

ъ ъ

ъ

ъ (')

Letter before is hard

ъ ъ ъ ъ

ъ ъ ъ

ъ

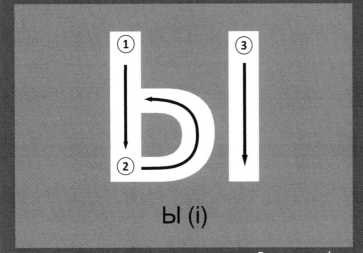

Ы (i)

Мышь/Mish/Mouse

Pronounced as sound of "i" in "Ill"

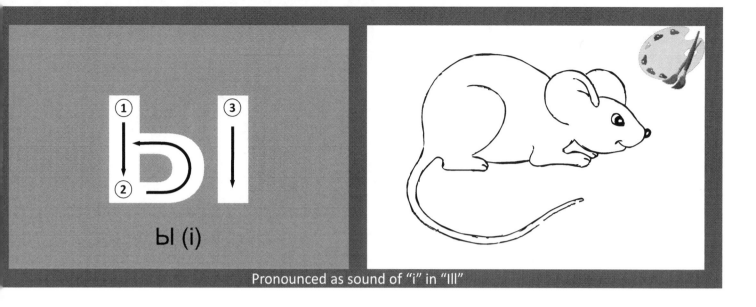

Ы (i)

Pronounced as sound of "i" in "Ill"

Ы Ы Ы

Ы Ы

Ы

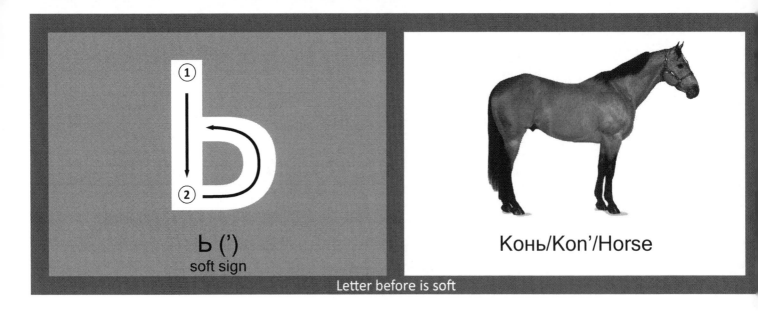

Ь (')
soft sign

Letter before is soft

Конь/Kon'/Horse

ь (')

Letter before is soft

ь   ь   ь

ь   ь

ь

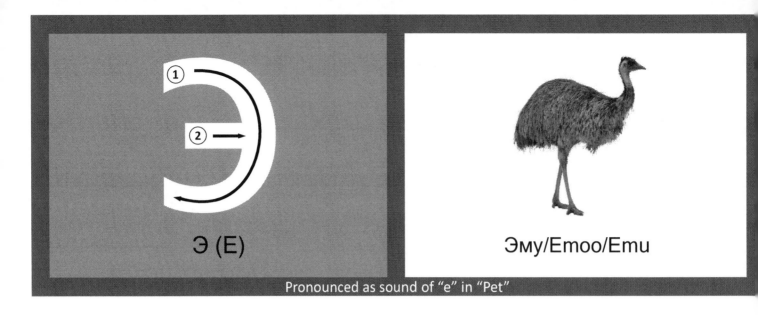

Э (Е)

Эму/Emoo/Emu

Pronounced as sound of "e" in "Pet"

Э (E)

Pronounced as sound of "e" in "Set"

Э Э Э

Э Э

Э

Ю (Yu)

Юла/Ula/Whirlabout

Pronounced as sound of "u" in "United"

Ю Ю Ю Ю Ю Ю

Ю Ю Ю

Ю

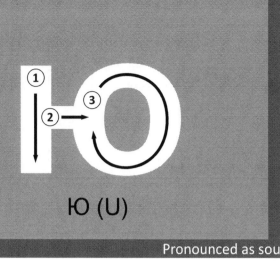

Ю (U)

Pronounced as sound of "u" in "Use"

Ю　Ю　Ю

Ю　Ю

Ю

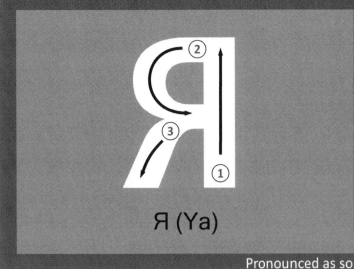

Я (Ya)

Ягуар/Yaguar/Jaguar

Я (Ya)

Pronounced as sound of "ya" in "Yacht"

Я Я Я

Я Я

Я